PABLO NERUDA

LIVRO DAS PERGUNTAS

Tradução de Olga Savary

Edição bilíngue

www.lpm.com.br

Coleção **L&PM** POCKET, vol. 360

Texto de acordo com a nova ortografia
Título original: *Libro de las preguntas*
Publicado pela L&PM Editores dentro da coleção Poesia de Pablo Neruda
  (1ª edição: outono de 1983).

Primeira edição na Coleção **L&PM** POCKET: maio de 2004
Esta reimpressão: novembro de 2024

Capa: Ivan Pinheiro Machado. *Ilustração*: "A torre vermelha", Giorgio de
  Chirico (1943)
Tradução: Olga Savary
Revisão: Sueli Bastos e Renato Deitos

ISBN 978-85-254-1306-2

N454L Neruda, Pablo, 1904-1973.
         Livro das perguntas/ Ricardo Neftalí Reyes; tradução
      de Olga Savary. – Porto Alegre: L&PM, 2024.
         160 p. ; 18 cm. – (Coleção L&PM POCKET, v. 360)

         Nota: Edição bilíngue.

         1.Ficção chilena-poesias. 2.Reyes, Ricardo Neftalí, 1904-1973.
      I.Título. II.Série.

                          CDD Ch861
                          CDU 821.134.2(8)-1
                               821.134.2(83)-1

Catalogação elaborada por Izabel A. Merlo, CRB 10/329

© Fundación Pablo Neruda, 1974

Todos os direitos desta edição reservados a L&PM Editores
Rua Comendador Coruja, 314, loja 9 – Floresta – 90.220-180
Porto Alegre – RS – Brasil / Fone: 51.3225.5777

Pedidos & Depto. Comercial: vendas@lpm.com.br
Fale conosco: info@lpm.com.br
www.lpm.com.br

Impresso no Brasil
Primavera de 20224

PABLO NERUDA
(1904-1973)

Ricardo Neftalí Reyes Basoalto nasceu na cidade chilena de Parral, em 12 de julho de 1904. Sua mãe era professora e morreu logo após o nascimento do filho. Seu pai, que era ferroviário, mudou-se para a cidade de Temuco, onde se casou novamente. Ricardo passou a infância perto de florestas, em meio à natureza virgem, o que marcaria para sempre seu imaginário, refletindo-se na sua obra literária.

Com treze anos, começou a contribuir com alguns textos para o jornal *La Montaña*. Foi em 1920 que surgiu o pseudônimo Pablo Neruda – uma homenagem ao poeta tchecoslovaco Jan Neruda. Vários dos poemas desse período estão presentes em *Crepusculário*, o primeiro livro do poeta, publicado em 1923.

Além das suas atividades literárias, Neruda estudou francês e pedagogia na Universidade do Chile. No período de 1927 a 1935, trabalhou como diplomata, vivendo em Burma, Sri Lanka, Java, Cingapura, Buenos Aires, Barcelona e Madri. Em 1930, casou-se com María Antonieta Hagenaar, de quem se divorciaria em 1936. Em 1955, conheceu Matilde Urrutia, com quem ficaria até o final da vida.

Em meio às turbulências políticas do período entre-guerras, publicou o livro que marcaria um novo período em sua obra, *Residência na terra* (1933). Em 1936, o estouro da Guerra Civil Espanhola e o assassinato de García Lorca aproximaram o poeta chileno dos republicanos espanhóis, e ele acabou destituído de seu cargo consular. Em 1943, voltou ao Chile, e, em 1945 foi eleito senador da república, filiando-se ao partido comunista chileno. Teve de viver clandestinamente em seu próprio país por dois anos, até exilar-se, em 1949. Um ano depois foi publicado no México e clandestinamente no Chile o livro *Canto geral*. Além de ser o título mais célebre de Neruda, é uma obra-prima de poesia telúrica que exalta poderosamente toda a vida do Novo

Mundo, denuncia a impostura dos conquistadores e a tristeza dos povos explorados, expressando um grito de fraternidade através de imagens poderosas.

Após viver em diversos países, Neruda voltou ao Chile em 1952. Muito do que ele escreveu nesse tempo tem profundas marcas políticas, como é o caso de *As uvas e o vento* (1954), que pode ser considerado o diário de exílio do poeta. Em 1971, Pablo Neruda recebeu a honraria máxima para um escritor, o Prêmio Nobel de Literatura. Morreu em Santiago do Chile, em 23 de setembro de 1973, apenas alguns dias após o golpe militar que depusera da presidência do país o seu amigo Salvador Allende.

LIVROS DO AUTOR NA COLEÇÃO **L&PM** POCKET:

A barcarola
Cantos cerimoniais (Edição bilíngue)
Cem sonetos de amor
O coração amarelo (Edição bilíngue)
Crepusculário (Edição bilíngue)
Defeitos escolhidos & 2000 (Edição bilíngue)
Elegia (Edição bilíngue)
Jardim de inverno (Edição bilíngue)
Livro das perguntas (Edição bilíngue)
Memorial de Isla Negra
Residência na terra I (Edição bilíngue)
Residência na terra II (Edição bilíngue)
A rosa separada (Edição bilíngue)
Terceira residência (Edição bilíngue)
Últimos poemas (Edição bilíngue)
As uvas e o vento
Vinte poemas de amor e uma canção desesperada (Edição bilíngue)

INTRODUÇÃO

Olga Savary

Esquisito (no sentido mesmo de raro, invulgar, fino, precioso, requintado, difícil e raramente achado) é o que se pode dizer deste *Livro das perguntas*, de Pablo Neruda. Refinado e ao mesmo tempo com um frescor dos poemas da adolescência – no bom sentido, é claro. Quer dizer, esses são dos raros poemas que aliam duas vertentes difíceis de se tocarem: maturidade, domínio de linguagem e segurança absoluta, mas também com uma simplicidade que só o grande poeta chega a ter quando alcança esta mesma maturidade (que consigo traz todo o resto de que se falou antes).

Insolitamente há neste livro uma nota nítida e constante de humor, encontrada aqui e ali na obra de Neruda mas não com tanta intensidade como neste *Livro das perguntas*.

Junto ao humor, o eterno humanismo do poeta, já tão decantado e tão nosso conhecido, presente sempre e que dirá muito ao leitor.

Estas duas vertentes, me parece, nos reportam à poesia oriental com sua aparente simplicidade mas que nos leva a profundezas inimagináveis. Algo assim como um quadro de Paul Klee: o máximo de requinte numa enganosa ingenuidade. Como se criança e adulto estivessem indissoluvelmente presentes e ligados ao mesmo tempo e com igual persistência nesta poesia tão bela, tão límpida, tão apaixonante.

Pablo Neruda (1904-1973) é um dos maiores poetas da língua espanhola em nosso século, Prêmio Nobel de Literatura em 1971, glória do Chile e da poesia universal.

LIVRO DAS PERGUNTAS

I

POR QUÉ los inmensos aviones
no se pasean con sus hijos?

Cuál es el pájaro amarillo
que llena el nido de limones?

Por qué no enseñan a sacar
miel del sol a los helicópteros?

Dónde dejó la luna llena
su saco nocturno de harina?

I

Por que os imensos aviões
não passeiam com seus filhos?

Qual é o pássaro amarelo
que enche o ninho de limões?

Por que não ensinam a tirar
mel do sol aos helicópteros?

Onde deixou a lua cheia
seu noturno saco de farinha?

II

SI HE MUERTO y no me he dado cuenta
a quién le pregunto la hora?

De dónde saca tantas hojas
la primavera de Francia?

Dónde puede vivir un ciego
a quien persiguen las abejas?

Si se termina el amarillo
con qué vamos a hacer el pan?

II

Se matei e não me dei conta
a quem perguntar a hora?

De onde tira tantas folhas
a primavera da França?

Onde pode viver um cego
a quem perseguem as abelhas?

Se termina o amarelo
com que faremos o pão?

III

DIME, la rosa está desnuda
o sólo tiene ese vestido?

Por qué los árboles esconden
el esplendor de sus raíces?

Quién oye los remordimientos
del automóvil criminal?

Hay algo más triste en el mundo
que un tren inmóvil en la lluvia?

III

Me diga: a rosa está nua
ou só tem esse vestido?

Por que as árvores escondem
o esplendor de suas raízes?

Quem ouve os remorsos
do automóvel criminoso?

Há algo mais triste no mundo
que um trem imóvel na chuva?

IV

CUÁNTAS iglesias tiene el cielo?

Por qué no ataca el tiburón
a las impávidas sirenas?

Conversa el humo con las nubes?

Es verdad que las esperanzas
deben regarse con rocío?

IV

Quantas igrejas tem o céu?

Por que não ataca o tubarão
as impávidas sereias?

Conversa a fumaça com as nuvens?

É verdade que a esperança
se deve regar com orvalho?

V

QUÉ GUARDAS bajo tu joroba?
dijo un camello a una tortuga.

Y la tortuga preguntó:
Qué conversas con las naranjas?

Tiene más hojas un peral
que Buscando el Tiempo Perdido?

Por qué se suicidan las hojas
cuando se sienten amarillas?

V

Que guardas sob tua corcova?
disse um camelo a uma tartaruga.

E a tartaruga perguntou:
Que conversas com as laranjas?

Tem mais folhas uma pereira
que Em Busca do Tempo Perdido?

Por que se suicidam as folhas
quando se sentem amarelas?

VI

POR QUÉ el sombrero de la noche
vuela con tantos agujeros?

Qué dice la vieja ceniza
cuando camina junto al fuego?

Por qué lloran tanto las nubes
y cada vez son más alegres?

Para quién arden los pistilos
del sol en sombra del eclipse?

Cuántas abejas tiene el día?

VI

Por que o chapéu da noite
voa com tantos furos?

O que diz a velha cinza
quando caminha junto ao fogo?

Por que choram tanto as nuvens
e cada vez são mais alegres?

Para quem ardem os pistilos
do sol em sombra de eclipse?

Quantas abelhas tem o dia?

VII

ES PAZ la paz de la paloma?
El leopardo hace la guerra?

Por qué enseña el profesor
la geografía de la muerte?

Qué pasa con las golondrinas
que llegan tarde al colegio?

Es verdad que reparten cartas
transparentes, por todo el ciclo?

VII

É paz a paz da pomba?
Faz a guerra o leopardo?

Por que ensina o professor
a geografia da morte?

Que ocorre com as andorinhas
que chegam tarde ao colégio?

É verdade que distribuem cartas
transparentes, por todo o céu?

VIII

QUÉ COSA irrita a los volcanes
que escupen fuego, frío y furia?

Por qué Cristóbal Colón
no pudo descubrir a España?

Cuántas preguntas tiene un gato?

Las lágrimas que no se lloran
esperan en pequeños lagos?

O serán ríos invisibles
que corren hacia la tristeza?

VIII

O que é que irrita os vulcões
que cospem fogo, frio e fúria?

Por que Cristóvão Colombo
não pôde descobrir a Espanha?

Quantas perguntas tem um gato?

As lágrimas que não se choram
esperam em pequenos lagos?

Ou serão rios invisíveis
que escorrem até a tristeza?

IX

ES ESTE MISMO el sol de ayer
o es otro el fuego de su fuego?

Cómo agradecer a las nubes
esa abundancia fugitiva?

De dónde viene el nubarrón
con sus sacos negros de llanto?

Dónde están los nombres aquellos
dulces como tortas de antaño?

Dónde se fueron las Donaldas,
las Clorindas, las Eduvigis?

IX

É o mesmo o sol de ontem
ou é outro o seu fogo?

Como agradecer às nuvens
essa abundância fugitiva?

De onde vem a nuvem densa
com seus negros sacos de pranto?

Onde estão aqueles nomes
doces como tortas de outrora?

Para onde foram as Donaldas,
as Clorindas, as Eduvigis?

X

QUÉ pensarán de mi sombrero,
en cien años más, los polacos?

Qué dirán de mi poesía
los que no tocaron mi sangre?

Cómo se mide la espuma
que resbala de la cerveza?

Qué hace una mosca encarcelada
en un soneto de Petrarca?

X

Que pensarão de meu chapéu
daqui a cem anos os polacos?

Que dirão de minha poesia
os que não tocaram meu sangue?

Como se mede a espuma
que resvala da cerveja?

Que faz uma mosca encarcerada
em um soneto de Petrarca?

XI

HASTA CUÁNDO hablan los demás
si ya hemos hablado nosotros?

Qué diría José Martí
del pedagogo Marinello?

Cuántos años tiene Noviembre?

Qué sigue pagando el Otoño
con tanto dinero amarillo?

Cómo se llama ese cocktail
que mezcla vodka con relámpagos?

XI

Até quando falam os outros
se nós temos falado?

Que diria José Martí
do pedagogo Marinello?

Quantos anos tem novembro?

Que segue pagando o outono
com tanto dinheiro amarelo?

Como chamar esse coquetel
que mistura vodca com relâmpagos?

XII

Y A QUIÉN le sonríe el arroz
con infinitos dientes blancos?

Por qué en las épocas oscuras
se escribe con tinta invisible?

Sabe la bella de Caracas
cuántas faldas tiene la rosa?

Por qué me pican las pulgas
y los sargentos literarios?

XII

Para quem sorri o arroz
com infinitos dentes brancos?

Por que nas épocas escuras
se escreve com tinta invisível?

Sabe a bela de Caracas
quantas faldas tem a rosa?

Por que me picam as pulgas
e os sargentos literários?

XIII

ES VERDAD que sólo en Australia
hay cocodrilos voluptuosos?

Cómo se reparten el sol
en el naranjo las naranjas?

Venía de una boca amarga
la dentadura de la sal?

Es verdad que vuela de noche
sobre mi patria un cóndor negro?

XIII

É verdade que só na Austrália
há crocodilos voluptuosos?

Como repartem o sol
na laranjeira as laranjas?

Vinha de uma boca amarga
a dentadura do sal?

É verdade que voa de noite
sobre minha pátria um condor negro?

XIV

Y QUÉ dijeron los rubíes
ante el jugo de las granadas?

Pero por qué no se convence
el Jueves de ir después del Viernes?

Quiénes gritaron de alegría
cuando nació el color azul?

Por qué se entristece la tierra
cuando aparecen las violetas?

XIV

E que disseram os rubis
ante o suco das romãs?

Mas por que não se convence
a quinta de ir depois da sexta?

Quem gritou de alegria
ao nascer a cor azul?

Por que se entristece a terra
quando aparecem as violetas?

XV

PERO es verdad que se prepara
la insurrección de los chalecos?

Por qué otra vez la Primavera
ofrece sus vestidos verdes?

Por qué ríe la agricultura
del llanto pálido del cielo?

Cómo logró su libertad
la bicicleta abandonada?

XV

Mas é verdade que se prepara
a insurreição dos coletes?

Por que outra vez a primavera
oferece seus vestidos verdes?

Por que ri a agricultura
do pálido pranto do céu?

Como logrou sua liberdade
a bicicleta abandonada?

XVI

TRABAJAN la sal y el azúcar
construyendo una torre blanca?

Es verdad que en el hormiguero
los sueños son obligatorios?

Sabes qué meditaciones
rumia la tierra en el otoño?

(Por qué no dar una medalla
a la primera hoja de oro?)

XVI

Trabalham o sal e o açúcar
construindo uma torre branca?

É verdade que no formigueiro
os sonhos são obrigatórios?

Sabes que meditações
rumina a terra no outono?

(Por que não dar uma medalha
à primeira folha de ouro?)

XVII

TE HAS DADO cuenta que el Otoño
es como una vaca amarilla?

Y como la bestia otoñal
es luego un oscuro esqueleto?

Y como el invierno acumula
tantos azules lineales?

Y quién pidió a la Primavera
su monarquía transparente?

XVII

Percebeste que o outono
é como uma vaca amarela?

E como a besta outonal
é logo um escuro esqueleto?

E como o inverno acumula
tantos azuis lineares?

E quem pediu à primavera
sua monarquia transparente?

XVIII

CÓMO conocieron las uvas
la propaganda del racimo?

Y sabes lo que es más difícil
entre granar y desgranar?

Es malo vivir sin infierno:
no podemos reconstruirlo?

Y colocar al triste Nixon
con el traste sobre el brasero?

Quemándolo a fuego pausado
con napalm norteamericano?

XVIII

Como conheceram as uvas
a propaganda do cacho?

E sabes o que é mais difícil
entre granar e debulhar?

É mau viver sem inferno:
não podemos reconstruí-lo?

E colocar o triste Nixon
com o traseiro sobre o braseiro?

Queimando-o a fogo pausado
com napalm norte-americano?

XIX

HAN CONTADO el oro que tiene
el territorio del maíz?

Sabes que es verde la neblina
a mediodía, en Patagonia?

Quién canta en el fondo del agua
en la laguna abandonada?

De qué ríe la sandía
cuando la están asesinando?

XIX

Contaram o ouro que tem
o território do milho?

Sabes que é verde ao meio-dia
a neblina na Patagônia?

Quem canta no fundo da água
na lagoa abandonada?

De que ri a melancia
quando a estão assassinando?

XX

ES VERDAD que el ámbar contiene
las lágrimas de las sirenas?

Cómo se llama una flor
que vuela de pájaro en pájaro?

No es mejor nunca que tarde?

Y por qué el queso se dispuso
a ejercer proezas en Francia?

XX

É verdade que o âmbar contém
as lágrimas das sereias?

Como se chama uma flor
que voa de pássaro em pássaro?

Não é melhor nunca que tarde?

E por que o queijo se dispôs
a exercer proezas na França?

XXI

Y CUANDO se fundó la luz
esto sucedió en Venezuela?

Dónde está el centro del mar?
Por qué no van allí las olas?

Es cierto que aquel meteoro
fue una paloma de amatista?

Puedo preguntar a mi libro
si es verdad que yo lo escribí?

XXI

E quando se fundou a luz
isto sucedeu na Venezuela?

Onde está o centro do mar?
Por que ali não vão as ondas?

É certo que aquele meteoro
foi uma pomba de ametista?

Posso perguntar a meu livro
se é verdade que eu o escrevi?

XXII

AMOR, amor aquel y aquella,
si ya no son, dónde se fueron?

Ayer, ayer dije a mis ojos
cuándo volveremos a vernos?

Y cuando se muda el paisaje
son tus manos o son tus guantes?

Cuando canta el azul del agua
cómo huele el rumor del cielo?

XXII

Amor, amor aquele e aquela,
se já não são, para onde foram?

Ontem, ontem disse a meus olhos
quando voltaremos a ver-nos?

E quando se muda a paisagem
são tuas mãos ou tuas luvas?

Quando canta o azul da água
como foge o rumor do céu?

XXIII

SE CONVIERTE en pez volador
si transmigra la mariposa?

Entonces no era verdad
que vivía Dios en la luna?

De qué color es el olor
del llanto azul de las violetas?

Cuántas semanas tiene un día
y cuántos años tiene un mes?

XXIII

Converte-se em peixe voador
se transmigra a borboleta?

Então não era verdade
que vivia Deus na lua?

De que cor é o olor
do pranto azul das violetas?

Quantas semanas tem um dia
e quantos anos tem um mês?

XXIV

EL 4 es 4 para todos?
Son todos los sietes iguales?

Cuando el preso piensa en la luz
es la misma que te ilumina?

Has pensado de qué color
es el Abril de los enfermos?

Qué monarquía occidental
se embandera con amapolas?

XXIV

O 4 é 4 para todos?
São iguais todos os setes?

Quando o preso pensa na luz
é a mesma que te ilumina?

Já pensaste de que cor
é o abril dos enfermos?

Que monarquia ocidental
se embandeira com papoulas?

XXV

POR QUÉ para esperar la nieve
se ha desvestido la arboleda?

Y cómo saber cuál es Dios
entre los Dioses de Calcuta?

Por qué viven tan harapientos
todos los gusanos de seda?

Por qué es tan dura la dulzura
del corazón de la cereza?

Es porque tiene que morir
o porque tiene que seguir?

XXV

Por que para esperar a neve
se desnudou o arvoredo?

E como saber qual é Deus
entre os deuses de Calcutá?

Por que vivem tão esfarrapados
todos os bichos-da-seda?

Por que é tão dura a doçura
do coração da cereja?

É porque se tem de morrer
ou porque se tem de continuar?

XXVI

AQUEL solemne Senador
que me atribuía un castillo

devoró ya con su sobrino
la torta del asesinato?

A quién engaña la magnolia
con su fragancia de limones?

Dónde deja el puñal el águila
cuando se acuesta en una nube?

XXVI

Aquele solene senador
que me atribuía um castelo

devorou já com seu sobrinho
a torta do assassinato?

A quem engana a magnólia
com sua fragrância de limões?

Onde deixa o punhal a águia
quando se deita em uma nuvem?

XXVII

MURIERON tal vez de vergüenza
estos trenes que se extraviaron?

Quién ha visto nunca el acíbar?

Dónde se plantaron los ojos
del camarada Paul Éluard?

Hay sitio para unas espinas?
le preguntaron al rosal.

XXVII

Morreram talvez de vergonha
estes trens que se extraviaram?

Quem nunca viu o aloés?

Onde plantaram os olhos
do camarada Paul Éluard?

Há lugar para uns espinhos?
perguntaram à roseira.

XXVIII

POR QUÉ no recuerdan los viejos
las deudas ni las quemaduras?

Era verdad aquel aroma
de la doncella sorprendida?

Por qué los pobres no comprenden
apenas dejan de ser pobres?

Dónde encontrar una campana
que suene adentro de tus sueños?

XXVIII

Por que não recordam os velhos
as dívidas nem as queimaduras?

Era verdade aquele aroma
da donzela surpreendida?

Por que os pobres não compreendem
apenas deixam de ser pobres?

Onde encontrar um sino
que soe dentro de teus sonhos?

XXIX

QUÉ DISTANCIA en metros redondos
hay entre el sol y las naranjas?

Quién despierta al sol cuando duerme
sobre su cama abrasadora?

Canta la tierra como un grillo
entre la música celeste?

Verdad que es ancha la tristeza,
delgada la melancolía?

XXIX

Que distância em metros redondos
há entre o sol e as laranjas?

Quem desperta o sol quando dorme
sobre sua cama abrasadora?

Canta a terra como um grilo
entre a música celeste?

É mesmo ampla a tristeza
e tênue a melancolia?

XXX

CUANDO escribió su libro azul
Rubén Darío no era verde?

No era escarlata Rimbaud,
Góngora de color violeta?

Y Victor Hugo tricolor?
Y yo a listones amarillos?

Se juntan todos los recuerdos
de los pobres de las aldeas?

Y en una caja mineral
guardaron sus sueños los ricos?

XXX

Quando escreveu seu livro azul
Rubén Darío não era verde?

Não era escarlate Rimbaud e
Gôngora cor de violeta?

E Victor Hugo tricolor?
E eu listões amarelos?

Juntam-se todas as lembranças
dos pobres das aldeias?

E em uma caixa mineral
guardaram seus sonhos os ricos?

XXXI

A QUIÉN le puedo preguntar
qué vine a hacer en este mundo?

Por qué me muevo sin querer,
por qué no puedo estar inmóvil?

Por qué voy rodando sin ruedas,
volando sin alas ni plumas,

y qué me dio por transmigrar
si viven en Chile mis huesos?

XXXI

A quem posso perguntar
o que fazer neste mundo?

Por que me movo sem querer,
por que não posso estar imóvel?

Por que vou rodando sem rodas,
voando sem asas nem plumas,

e que me deu de transmigrar
se vivem no Chile meus ossos?

XXXII

HAY algo más tonto en la vida
que llamarse Pablo Neruda?

Hay en el cielo de Colombia
un coleccionista de nubes?

Por qué siempre se hacen en Londres
los congresos de los paraguas?

Sangre color de amaranto
tenía la reina de Saba?

Cuando lloraba Baudelaire
lloraba con lágrimas negras?

XXXII

Há algo mais tolo na vida
que chamar-se Pablo Neruda?

Há no céu da Colômbia
um colecionador de nuvens?

Por que sempre se fazem em Londres
os congressos de guarda-chuvas?

Sangue cor de amaranto
tinha a rainha de Sabá?

Quando Baudelaire chorava
chorava com lágrimas negras?

XXXIII

Y POR QUÉ el sol es tan mal amigo
del caminante en el desierto?

Y por qué el sol es tan simpático
en el jardín del hospital?

Son pájaros o son peces
en estas redes de la luna?

Fue adonde a mí me perdieron
que logré por fin encontrarme?

XXXIII

E por que o sol é tão mau amigo
do caminhante do deserto?

E por que o sol é tão simpático
no jardim do hospital?

São pássaros ou são peixes
nestas redes da lua?

Foi onde que a mim me perderam
que logrei enfim me encontrar?

XXXIV

CON LAS VIRTUDES que olvidé
me puedo hacer un traje nuevo?

Por qué los ríos mejores
se fueron a correr en Francia?

Por qué no amanece en Bolivia
desde la noche de Guevara?

Y busca allí a los asesinos
su corazón asesinado?

Tienen primero gusto a lágrimas
las uvas negras del desierto?

XXXIV

Com as virtudes que olvidei
posso fazer um traje novo?

Por que os melhores rios
foram correr na França?

Por que não amanhece na Bolívia
desde a noite de Guevara?

E busca ali os assassinos
seu coração assassinado?

Tem primeiro gosto a lágrimas
as uvas negras do deserto?

XXXV

NO SERÁ nuestra vida un túnel
entre dos vagas claridades?

O no será una claridad
entre dos triángulos oscuros?

O no será la vida un pez
preparado para ser pájaro?

La muerte será de no ser
o de sustancias peligrosas?

XXXV

Não será nossa vida um túnel
entre duas vagas claridades?

Ou não será uma claridade
entre dois triângulos escuros?

Ou não será a vida um peixe
preparado para ser pássaro?

A morte será de não ser
ou de substâncias perigosas?

XXXVI

NO SERÁ la muerte por fin
una cocina interminable?

Qué harán tus huesos disgregados,
buscarán otra vez tu forma?

Se fundirá tu destrucción
en otra voz y en otra luz?

Formarán parte tus gusanos
de perros o de mariposas?

XXXVI

Não será por fim a morte
uma cozinha interminável?

Que farão teus ossos desagregados,
buscarão outra vez tua forma?

Se fundirá tua destruição
em outra forma e em **outra** luz?

Formarão parte teus vermes
de cães ou de borboletas?

XXXVII

DE TUS CENIZAS nacerán
checoeslovacos o tortugas?

Tu boca besará claveles
con otros labios venideros?

Pero sabes de dónde viene
la muerte, de arriba o de abajo?

De los microbios o los muros,
de las guerras o del invierno?

XXXVII

De tuas cinzas nascerão
tchecoslovacos ou tartarugas?

Tua boca beijará cravos
com outros lábios vindouros?

Mas sabes de onde vem
a morte, de cima ou de baixo?

Dos micróbios ou dos muros,
das guerras ou do inverno?

XXXVIII

NO CREES que vive la muerte
dentro del sol de una cereza?

No puede matarte también
un beso de la primavera?

Crees que el luto te adelanta
la bandera de tu destino?

Y encuentras en la calavera
tu estirpe a hueso condenada?

XXXVIII

Não achas que vive a morte
dentro do sol de uma cereja?

Não pode também matar-te
um beijo da primavera?

Achas que o luto te adianta
a bandeira de teu destino?

E encontras na caveira
tua estirpe a osso condenada?

XXXIX

NO SIENTES también el peligro
en la carcajada del mar?

Noves en la seda sangrienta
de la amapola una amenaza?

No ves que florece el manzano
para morir en la manzana?

No lloras rodeado de risa
con las botellas del olvido?

XXXIX

Não sentes também o perigo
na gargalhada do mar?

Não vês na seda sangrenta
da papoula uma ameaça?

Não vês que floresce a macieira
para morrer na maçã?

Não choras rodeado de riso
com as garrafas do olvido?

XL

A QUIÉN el cóndor andrajoso
da cuenta de su cometido?

Cómo se llama la tristeza
en una oveja solitaria?

Y qué pasa en el palomar
si aprenden canto las palomas?

Si las moscas fabrican miel
ofenderán a las abejas?

XL

A quem o condor andrajoso
dá conta de seu encargo?

Como se chama a tristeza
numa ovelha solitária?

E que ocorre no pombal
se aprendem canto as pombas?

Se as moscas fabricam mel
ofenderão as abelhas?

XLI

CUÁNTO dura un rinoceronte
después de ser enternecido?

Qué cuentan de nuevo las hojas
de la reciente primavera?

Las hojas viven en invierno
en secreto, con las raíces?

Qué aprendió el árbol de la tierra
para conversar con el cielo?

XLI

Quanto dura um rinoceronte
depois de ser enternecido?

Que contam de novo as folhas
da recente primavera?

As folhas vivem no inverno
em segredo, com as raízes?

Que aprendeu a árvore da terra
para conversar com o céu?

XLII

SUFRE MÁS el que espera siempre
que aquel que nunca esperó a nadie?

Dónde termina el arco iris,
en tu alma o en el horizonte?

Tal vez una estrella invisible
será el cielo de los suicidas?

Dónde están las viñas de hierro
de donde cae el meteoro?

XLII

Sofre mais o que espera sempre
que aquele que nunca esperou ninguém?

Onde termina o arco-íris,
em tua alma ou no horizonte?

Talvez uma estrela invisível
será o céu dos suicidas?

Onde estão as vinhas de ferro
de onde cai o meteoro?

XLIII

QUIÉN era aquella que te amó
en el sueno, cuando dormías?

Dónde van las cosas del sueño?
Se van al sueño de los otros?

Y el padre que vive en los sueños
vuelve a morir cuando despiertas?

Florecen las plantas del sueño
y maduran sus graves frutos?

XLIII

Quem era aquela que te amou
no sonho, quando dormias?

Onde vão as coisas do sonho?
Vão para o sonho dos outros?

E o pai que vive nos sonhos
volta a morrer quando despertas?

Florescem as plantas do sonho
e maduram seus graves frutos?

XLIV

DÓNDE está el niño que yo fui,
sigue adentro de mí o se fue?

Sabe que no lo quise nunca
y que tampoco me quería?

Por qué anduvimos tanto tiempo
creciendo para separarnos?

Por qué no morimos los dos
cuando mi infancia se murió?

Y si el alma se me cayó
por qué me sigue el esqueleto?

XLIV

Onde está o menino que fui,
segue dentro de mim ou se foi?

Sabe que não o quis nunca
e que tampouco me queria?

Por que andamos tanto tempo
crescendo para separar-nos?

Por que não morremos os dois
quando minha infância morreu?

E se minha alma tombou
por que permanece o esqueleto?

XLV

EL AMARILLO de los bosques
es el mismo del año ayer?

Y se repite el vuelo negro
de la tenaz ave marina?

Y donde termina el espacio
se llama muerte o infinito?

Qué pesan más en la cintura,
los dolores o los recuerdos?

XLV

O amarelo dos bosques
é o mesmo do ano passado?

E se repete o voo negro
da tenaz ave marinha?

E onde termina o espaço
se chama morte ou infinito?

Que pesam mais na cintura,
as dores ou as lembranças?

XLVI

Y CÓMO se llama ese mes
que está entre Diciembre y Enero?

Con qué derecho numeraron
las doce uvas del racimo?

Por qué no nos dieron extensos
meses que duren todo el año?

No te engañó la primavera
con besos que no florecieron?

XLVI

E como se chama esse mês
que está entre dezembro e janeiro?

Com que direito numeraram
as doces uvas do racimo?

Por que não nos deram extensos
meses que durem todo o ano?

Não te enganou a primavera
com beijos que não floresceram?

XLVII

OYES en medio del otoño
detonaciones amarillas?

Por qué razón o sinrazón
llora la lluvia su alegría?

Qué pájaros dictan el orden
de la bandada cuando vuela?

De qué suspende el picaflor
su simetría deslumbrante?

XLVII

Ouves em meio do outono
detonações amarelas?

Por que razão ou sem razão
chora a chuva sua alegria?

Que pássaros ditam a ordem
da bandada quando voa?

De que suspende o beija-flor
sua simetria deslumbrante?

XLVIII

SON los senos de las sirenas
las redondescas caracolas?

O son olas petrificadas
o juego inmóvil de la espuma?

No se ha incendiado la pradera
con las luciérnagas salvajes?

Los peluqueros del otoño
despeinaron los crisantemos?

XLVIII

São os seios das sereias
os redondos caracóis?

Ou são ondas petrificadas
ou jogo imóvel da espuma?

Não se incendiou a pradaria
com os vaga-lumes selvagens?

Os cabeleireiros do outono
despentearam os crisântemos?

XLIX

CUANDO veo de nuevo el mar
el mar me ha visto o no me ha visto?

Por qué me preguntan las olas
lo mismo que yo les pregunto?

Y por qué golpean la roca
con tanto entusiasmo perdido?

No se cansan de repetir
su declaración a la arena?

XLIX

Quando de novo vejo o mar
o mar me viu ou não me viu?

Por que me perguntam as ondas
o mesmo que lhes pergunto?

E por que golpeiam a rocha
com tanto entusiasmo perdido?

Não se cansam de repetir
sua declaração à areia?

L

QUIÉN puede convencer al mar
para que sea razonable?

De qué le sirve demoler
ámbar azul, granito verde?

Y para qué tantas arrugas
y tanto agujero en la roca?

Yo llegué de detrás del mar
y dónde voy cuando me ataja?

Por qué me he cerrado el camino
cayendo en la trampa del mar?

L

Quem pode convencer o mar
para que seja razoável?

De que lhe serve demolir
âmbar azul, granito verde?

E para que tantas marcas
e tantos sulcos no rochedo?

Cheguei de detrás do mar
e onde vou quando me atalha?

Por que encerrei meu caminho
caindo no ardil do mar?

LI

POR QUÉ detesto las ciudades
con olor a mujer y orina?

No es la ciudad el gran océano
de los colchones que palpitan?

La oceanía de los aires
no tiene islas y palmeras?

Por qué volví a la indiferencia
del océano desmedido?

LI

Por que detesto as cidades
que cheiram a mulher e urina?

Não é a cidade o grande oceano
dos colchões que palpitam?

A oceania dos ares
não tem ilhas e palmeiras?

Por que voltei à indiferença
do oceano desmedido?

LII

CUÁNTO medía el pulpo negro
que oscureció la paz del día?

Eran de hierro sus ramales
y de fuego muerto sus ojos?

Y la ballena tricolor
por qué me atajó en el camino?

LII

Quanto media o polvo negro
que obscureceu a paz do dia?

Eram de ferro seus ramais
e de fogo morto seus olhos?

E a baleia tricolor
por que me atalhou no caminho?

LIII

QUIÉN devoró frente a mis ojos
un tiburón lleno de pústulas?

Tenia la culpa el escualo
o los peces ensangrentados?

Es el orden o la batalla
este quebranto sucesivo?

LIII

Quem devorou frente a meus olhos
um tubarão cheio de pústulas?

Teria a culpa o esqualo
ou os peixes ensanguentados?

É a ordem ou a batalha
esse quebranto sucessivo?

LIV

ES VERDAD que las golondrinas
van a establecerse en la luna?

Se llevarán la Primavera
sacándola de las cornisas?

Se alejarán en el Otoño
las golondrinas de la luna?

Buscarán muestras de bismuto
a picotazos en el cielo?

Y a los balcones volverán
espolvoreadas de ceniza?

LIV

É verdade que as andorinhas
vão se estabelecer na lua?

Levarão a primavera
tirando-a das cornijas?

Se afastarão no outono
as andorinhas da lua?

Buscarão amostras de bismuto
a bicadas no céu?

E aos balcões voltarão
polvilhadas de cinza?

LV

POR QUÉ no mandan a los topos
y a las tortugas a la luna?

Los animales ingenieros
de cavidades y ranuras

no podrían hacerse cargo
de estas lejanas inspecciones?

LV

Por que não mandam as toupeiras
e as tartarugas à lua?

Os animais engenheiros
de cavidades e ranhuras

não poderiam tomar o encargo
destas longínquas inspeções?

LVI

NO CREES que los dromedarios
preservan luna en sus jorobas?

No la siembran en los desiertos
con persistencia clandestina?

Y no estará prestado el mar
por un corto tiempo a la tierra?

No tendremos que devolverlo
con sus mareas a la luna?

LVI

Não achas que os dromedários
preservam lua em suas corcovas?

Não a semeiam nos desertos
com persistência clandestina?

E não estará emprestado o mar
por um curto tempo à terra?

Não teremos que devolvê-lo
com suas marés à lua?

LVII

NO SERÁ bueno prohibir
los besos interplanetarios?

Por qué no analizar las cosas
antes de habilitar planetas?

Y por qué no el ornitorrinco
con su espacial indumentaria?

Las herraduras no se hicieron
para caballos de la luna?

LVII

Não será bom proibir
os beijos interplanetários?

Por que não analisar as coisas
antes de habilitar planetas?

E por que não o ornitorrinco
com sua espacial indumentária?

As ferraduras não se fizeram
para cavalos da lua?

LVIII

Y QUÉ palpitaba en la noche?
Eran planetas o herraduras?

Debo escoger esta mañana
entre el mar desnudo y el cielo?

Y por qué el cielo está vestido
tan temprano con sus neblinas?

Qué me esperaba en Isla Negra?
La verdad verde o el decoro?

LVIII

E o que palpitava na noite?
Eram planetas ou ferraduras?

Devo escolher esta manhã
entre o mar desnudo e o céu?

E por que o céu está vestido
tão cedo com suas neblinas?

O que me esperava em Ilha Negra?
A verdade verde ou o decoro?

LIX

POR QUÉ no nací misterioso?
Por qué crecí sin compañía?

Quién me mandó desvencijar
las puertas de mi propio orgullo?

Y quién salió a vivir por mí
cuando dormía o enfermaba?

Qué bandera se desplegó
allí donde no me olvidaron?

LIX

Por que não nasci misterioso?
Por que cresci sem companhia?

Quem me mandou desvencilhar
as portas de meu próprio orgulho?

E quem saiu para viver por mim
quando eu dormia ou adoecia?

Que bandeira se desatou
ali onde não me esqueceram?

LX

Y QUÉ importancia tengo yo
en el tribunal del olvido?

Cuál es la representación
del resultado venidero?

Es la semilla cereal
con su multitud amarilla?

O es el corazón huesudo
el delegado del durazno?

LX

E que importância tenho eu
no tribunal do olvido?

Qual é a representação
do resultado vindouro?

É a semente cereal
com sua multidão amarela?

Ou é o coração ossudo
o incumbido do pêssego?

LXI

LA GOTA viva del azogue
corre hacia abajo o hacia siempre?

Mi poesía desdichada
mirará con los ojos míos?

Tendré mi olor y mis dolores
cuando yo duerma destruido?

LXI

A gota viva do mercúrio
corre para baixo ou para sempre?

Minha poesia infeliz
olhará com os olhos meus?

Terei meu cheiro e minhas dores
quando eu dormir destruído?

LXII

QUÉ SIGNIFICA persistir
en el callejón de la muerte?

En el desierto de la sal
cómo se puede florecer?

En el mar del no pasa nada
hay vestido para morir?

Cuando ya se fueron los huesos
quién vive en el polvo final?

LXII

Que significa persistir
no beco da morte?

No deserto do sal
como se pode florescer?

No mar do não ocorre nada
há vestido para morrer?

Quando já se foram os ossos
quem vive no pó final?

LXIII

CÓMO se acuerda con los pájaros
la traducción de sus idiomas?

Cómo le digo a la tortuga
que yo le gano en lentitud?

Cómo le pregunto a la pulga
las cifras de su campeonato?

Y a los claveles qué les digo
agradeciendo su fragancia?

LXIII

Como conciliar com os pássaros
a tradução de seus idiomas?

Como digo à tartaruga
que eu a ganho em lentidão?

Como pergunto à pulga
as cifras de seu campeonato?

E aos cravos que dizer
agradecendo sua fragrância?

LXIV

POR QUÉ mi ropa desteñida
se agita como una bandera?

Soy un malvado alguna vez
o todas las veces soy bueno?

Es que se aprende la bondad
o la máscara de la bondad?

No es blanco el rosal del malvado
y negras las flores del bien?

Quién da los nombres y los números
al inocente innumerable?

LXIV

Por que minha roupa desbotada
se agita como uma bandeira?

Sou um malvado alguma vez
ou todas as vezes sou bom?

É a bondade que se aprende
ou a máscara da bondade?

Não é branca a roseira do malvado
e negras as flores do bem?

Quem dá os nomes e os números
ao inocente inumerável?

LXV

BRILLA la gota de metal
como una sílaba en mi canto?

Y no se arrastra una palabra
a veces como una serpiente?

No crepitó en tu corazón
un nombre como una naranja?

De qué río salen los peces?
De la palabra *platería*?

Y no naufragan los veleros
por un exceso de vocales?

LXV

Brilha a gota de metal
como uma sílaba em meu canto?

E não se arrasta uma palavra
às vezes como uma serpente?

Não crepitou em teu coração
um nome como uma laranja?

De que rio saem os peixes?
Da palavra *joalheria*?

E não naufragam os veleiros
por um excesso de vogais?

LXVI

ECHAN humo, fuego y vapor
las *o* de las locomotoras?

En qué idioma cae la lluvia
sobre ciudades dolorosas?

Qué suaves sílabas repite
el aire del alba marina?

Hay una estrella más abierta
que la palabra *amapola*?

Hay dos colmillos más agudos
que las sílabas de *chacal*?

LXVI

Lançam fumaça, fogo e vapor
os *o* das locomotivas?

Em que idioma cai a chuva
sobre cidades dolorosas?

Que suaves sílabas repete
o ar da aurora marinha?

Há estrela mais aberta
que a palavra *papoula*?

Há duas presas mais agudas
que as sílabas de *chacal*?

LXVII

PUEDES amarme, silabaria,
y darme un beso sustantivo?

Un diccionario es un sepulcro
o es un panal de miel cerrado?

En qué ventana me quedé
mirando el tiempo sepultado?

O lo que miro desde lejos
es lo que no he vivido aún?

LXVII

Podes amar-me, silabária,
e dar-me um beijo substantivo?

Um dicionário é um sepulcro
ou um favo de mel cerrado?

Em que janela me quedei
olhando o tempo sepultado?

Ou o que olho de longe
é o que não vivi ainda?

LXVIII

¿CUÁNDO lee la mariposa
lo que vuela escrito en sus alas?

¿Qué letras conoce la abeja
para saber su itinerario?

¿Y con qué cifras va restando
la hormiga sus soldados muertos?

¿Cómo se llaman los ciclones
cuando no tienen movimiento?

LXVIII

Quando lê a borboleta
o que voa escrito em suas asas?

Que letras conhece a abelha
para saber seu itinerário?

E com que cifras vai subtraindo
a formiga seus soldados mortos?

Como se chamam os ciclones
quando não têm movimento?

LXIX

CAEN pensamientos de amor
en los volcanes extinguidos?

Es un cráter una venganza
o es un castigo de la tierra?

Con qué estrellas siguen hablando
los ríos que no desembocan?

LXIX

Caem pensamentos de amor
dentro dos vulcões extintos?

A cratera é uma vingança
ou um castigo da terra?

Com que estrelas seguem falando
os rios que não desembocam?

LXX

CUÁL es el trabajo forzado de
Hitler en el infierno?

Pinta paredes o cadáveres?
Olfatea el gas de sus muertos?

Le dan a comer las cenizas
de tantos niños calcinados?

O le han dado desde su muerte
de beber sangre en un embudo?

O le martillan en la boca
los arrancados dientes de oro?

LXX

Qual o trabalho forçado
de Hitler no inferno?

Pinta paredes ou cadáveres?
Ou fareja o gás de seus mortos?

Lhe dão de comer as cinzas
de tantos meninos calcinados?

Ou lhe deram desde sua morte
de beber sangue em um funil?

Ou lhe martelam na boca
os arrancados dentes de ouro?

LXXI

O LE ACUESTAN para dormir
sobre sus alambres de púas?

O le están tatuando la piel
para lámparas del infierno?

O lo muerden sin compasión
los negros mastines del fuego?

O debe de noche y de día
viajar sin tregua con sus presos?

O debe morir sin morir
eternamente bajo el gas?

LXXI

Ou deitam-no para dormir
sobre seus arames farpados?

Ou lhe estão tatuando a pele
para abajures do inferno?

Ou mordem-no sem compaixão
os negros mastins do fogo?

Ou deve de noite e de dia
viajar sem trégua com seus presos?

Ou deve morrer sem morrer
eternamente sob o gás?

LXXII

SI TODOS los ríos son dulces
de dónde saca sal el mar?

Cómo saben las estaciones
que deben cambiar de camisa?

Por qué tan lentas en invierno
y tan palpitantes después?

Y cómo saben las raíces
que deben subir a la luz?

Siempre es la misma primavera
la que repite su papel?

Y luego saludar al aire
con tantas flores y cobres?

LXXII

Se todos os rios são doces
de onde tira sal o mar?

Como sabem as estações
que devem mudar de camisa?

Por que tão lentas no inverno
e tão palpitantes depois?

E como sabem as raízes
que devem subir para a luz?

E logo saudar o ar
com tantas flores e cores?

Sempre é a mesma primavera
a que repete seu papel?

LXXIII

QUIÉN trabaja más en la tierra,
el hombre o el sol cereal?

Entre el abeto y la amapola
a quién la tierra quiere más?

Entre las orquídeas y el trigo
para cuál es la preferencia?

Por qué tanto lujo a una flor
y un oro sucio para el trigo?

Entra el Otoño legalmente
o es una estación clandestina?

LXXIII

Quem trabalha mais na terra,
o homem ou o sol ceresino?

Entre o abeto e a papoula
a quem a terra quer mais?

Entre as orquídeas e o trigo
para qual é a preferência?

Para uma flor para que tanto luxo
e um ouro sujo para o trigo?

Entra o outono legalmente
ou é uma estação clandestina?

LXXIV

POR QUÉ se queda en los ramajes
hasta que las hojas se caen?

Y dónde se quedan colgados
sus pantalones amarillos?

Verdad que parece esperar
el Otoño que pase algo?

Tal vez el temblor de una hoja
o el tránsito del universo?

Hay un imán bajo la tierra,
imán hermano del Otoño?

Cuándo se dicta bajo tierra
la designación de la rosa?

LXXIV

Por que fica nas ramagens
até que caiam as folhas?

E onde ficam suspensas
suas calças amarelas?

É mesmo que parece esperar
o outono que aconteça algo?

Talvez o tremor de uma folha
ou o trajeto do universo?

Há um ímã sob a terra,
ímã irmão do outono?

Quando se dita sob a terra
a designação da rosa?

Coleção L&PM POCKET

1000. **Diários de Andy Warhol (1)** – Editado por Pat Hackett
1001. **Diários de Andy Warhol (2)** – Editado por Pat Hackett
1002. **Cartier-Bresson: o olhar do século** – Pierre Assouline
1003. **As melhores histórias da mitologia: vol. 1** – A.S. Franchini e Carmen Seganfredo
1004. **As melhores histórias da mitologia: vol. 2** – A.S. Franchini e Carmen Seganfredo
1005. **Assassinato no beco** – Agatha Christie
1006. **Convite para um homicídio** – Agatha Christie
1008. **História da vida** – Michael J. Benton
1009. **Jung** – Anthony Stevens
1010. **Arsène Lupin, ladrão de casaca** – Maurice Leblanc
1011. **Dublinenses** – James Joyce
1012. **120 tirinhas da Turma da Mônica** – Mauricio de Sousa
1013. **Antologia poética** – Fernando Pessoa
1014. **A aventura de um cliente ilustre** *seguido de* **O último adeus de Sherlock Holmes** – Sir Arthur Conan Doyle
1015. **Cenas de Nova York** – Jack Kerouac
1016. **A corista** – Anton Tchékhov
1017. **O diabo** – Leon Tolstói
1018. **Fábulas chinesas** – Sérgio Capparelli e Márcia Schmaltz
1019. **O gato do Brasil** – Sir Arthur Conan Doyle
1020. **Missa do Galo** – Machado de Assis
1021. **O mistério de Marie Rogêt** – Edgar Allan Poe
1022. **A mulher mais linda da cidade** – Bukowski
1023. **O retrato** – Nicolai Gogol
1024. **O conflito** – Agatha Christie
1025. **Os primeiros casos de Poirot** – Agatha Christie
1027.(25). **Beethoven** – Bernard Fauconnier
1028. **Platão** – Julia Annas
1029. **Cleo e Daniel** – Roberto Freire
1030. **Til** – José de Alencar
1031. **Viagens na minha terra** – Almeida Garrett
1032. **Profissões para mulheres e outros artigos feministas** – Virginia Woolf
1033. **Mrs. Dalloway** – Virginia Woolf
1034. **O cão da morte** – Agatha Christie
1035. **Tragédia em três atos** – Agatha Christie
1037. **O fantasma da Ópera** – Gaston Leroux
1038. **Evolução** – Brian e Deborah Charlesworth
1039. **Medida por medida** – Shakespeare
1040. **Razão e sentimento** – Jane Austen
1041. **A obra-prima ignorada** *seguido de* **Um episódio durante o Terror** – Balzac
1042. **A fugitiva** – Anaïs Nin
1043. **As grandes histórias da mitologia greco-romana** – A. S. Franchini
1044. **O corno de si mesmo & outras historietas** – Marquês de Sade
1045. **Da felicidade** *seguido de* **Da vida retirada** – Sêneca
1046. **O horror em Red Hook e outras histórias** – H. P. Lovecraft
1047. **Noite em claro** – Martha Medeiros
1048. **Poemas clássicos chineses** – Li Bai, Du Fu e Wang Wei
1049. **A terceira moça** – Agatha Christie
1050. **Um destino ignorado** – Agatha Christie
1051.(26). **Buda** – Sophie Royer
1052. **Guerra Fria** – Robert J. McMahon
1053. **Simons's Cat: as aventuras de um gato travesso e comilão – vol. 1** – Simon Tofield
1054. **Simons's Cat: as aventuras de um gato travesso e comilão – vol. 2** – Simon Tofield
1055. **Só as mulheres e as baratas sobreviverão** – Claudia Tajes
1057. **Pré-história** – Chris Gosden
1058. **Pintou sujeira!** – Mauricio de Sousa
1059. **Contos de Mamãe Gansa** – Charles Perrault
1060. **A interpretação dos sonhos: vol. 1** – Freud
1061. **A interpretação dos sonhos: vol. 2** – Freud
1062. **Frufru Rataplã Dolores** – Dalton Trevisan
1063. **As melhores histórias da mitologia egípcia** – Carmem Seganfredo e A.S. Franchini
1064. **Infância. Adolescência. Juventude** – Tolstói
1065. **As consolações da filosofia** – Alain de Botton
1066. **Diários de Jack Kerouac – 1947-1954**
1067. **Revolução Francesa – vol. 1** – Max Gallo
1068. **Revolução Francesa – vol. 2** – Max Gallo
1069. **O detetive Parker Pyne** – Agatha Christie
1070. **Memórias do esquecimento** – Flávio Tavares
1071. **Drogas** – Leslie Iversen
1072. **Manual de ecologia (vol.2)** – J. Lutzenberger
1073. **Como andar no labirinto** – Affonso Romano de Sant'Anna
1074. **A orquídea e o serial killer** – Juremir Machado da Silva
1075. **Amor nos tempos de fúria** – Lawrence Ferlinghetti
1076. **A aventura do pudim de Natal** – Agatha Christie
1078. **Amores que matam** – Patricia Faur
1079. **Histórias de pescador** – Mauricio de Sousa
1080. **Pedaços de um caderno manchado de vinho** – Bukowski
1081. **A ferro e fogo: tempo de solidão (vol.1)** – Josué Guimarães
1082. **A ferro e fogo: tempo de guerra (vol.2)** – Josué Guimarães
1084.(17). **Desembarcando o Alzheimer** – Dr. Fernando Lucchese e Dra. Ana Hartmann
1085. **A maldição do espelho** – Agatha Christie
1086. **Uma breve história da filosofia** – Nigel Warburton
1088. **Heróis da História** – Will Durant
1089. **Concerto campestre** – L. A. de Assis Brasil

1090. **Morte nas nuvens** – Agatha Christie
1092. **Aventura em Bagdá** – Agatha Christie
1093. **O cavalo amarelo** – Agatha Christie
1094. **O método de interpretação dos sonhos** – Freud
1095. **Sonetos de amor e desamor** – Vários
1096. **120 tirinhas do Dilbert** – Scott Adams
1097. **200 fábulas de Esopo**
1098. **O curioso caso de Benjamin Button** – F. Scott Fitzgerald
1099. **Piadas para sempre: uma antologia para morrer de rir** – Visconde da Casa Verde
1100. **Hamlet (Mangá)** – Shakespeare
1101. **A arte da guerra (Mangá)** – Sun Tzu
1104. **As melhores histórias da Bíblia (vol.1)** – A. S. Franchini e Carmen Seganfredo
1105. **As melhores histórias da Bíblia (vol.2)** – A. S. Franchini e Carmen Seganfredo
1106. **Psicologia das massas e análise do eu** – Freud
1107. **Guerra Civil Espanhola** – Helen Graham
1108. **A autoestrada do sul e outras histórias** – Julio Cortázar
1109. **O mistério dos sete relógios** – Agatha Christie
1110. **Peanuts: Ninguém gosta de mim... (amor)** – Charles Schulz
1111. **Cadê o bolo?** – Mauricio de Sousa
1112. **O filósofo ignorante** – Voltaire
1113. **Totem e tabu** – Freud
1114. **Filosofia pré-socrática** – Catherine Osborne
1115. **Desejo de status** – Alain de Botton
1118. **Passageiro para Frankfurt** – Agatha Christie
1120. **Kill All Enemies** – Melvin Burgess
1121. **A morte da sra. McGinty** – Agatha Christie
1122. **Revolução Russa** – S. A. Smith
1123. **Até você, Capitu?** – Dalton Trevisan
1124. **O grande Gatsby (Mangá)** – F. S. Fitzgerald
1125. **Assim falou Zaratustra (Mangá)** – Nietzsche
1126. **Peanuts: É para isso que servem os amigos (amizade)** – Charles Schulz
1127.(27). **Nietzsche** – Dorian Astor
1128. **Bidu: Hora do banho** – Mauricio de Sousa
1129. **O melhor do Macanudo Taurino** – Santiago
1130. **Radicci 30 anos** – Iotti
1131. **Show de sabores** – J.A. Pinheiro Machado
1132. **O prazer das palavras** – vol. 3 – Cláudio Moreno
1133. **Morte na praia** – Agatha Christie
1134. **O fardo** – Agatha Christie
1135. **Manifesto do Partido Comunista (Mangá)** – Marx & Engels
1136. **A metamorfose (Mangá)** – Franz Kafka
1137. **Por que você não se casou... ainda** – Tracy McMillan
1138. **Textos autobiográficos** – Bukowski
1139. **A importância de ser prudente** – Oscar Wilde
1140. **Sobre a vontade na natureza** – Arthur Schopenhauer
1141. **Dilbert (8)** – Scott Adams
1142. **Entre dois amores** – Agatha Christie
1143. **Cipreste triste** – Agatha Christie
1144. **Alguém viu uma assombração?** – Mauricio de Sousa
1145. **Mandela** – Elleke Boehmer
1146. **Retrato do artista quando jovem** – James Joyce
1147. **Zadig ou o destino** – Voltaire
1148. **O contrato social (Mangá)** – J.-J. Rousseau
1149. **Garfield fenomenal** – Jim Davis
1150. **A queda da América** – Allen Ginsberg
1151. **Música na noite & outros ensaios** – Aldous Huxley
1152. **Poesias inéditas & Poemas dramáticos** – Fernando Pessoa
1153. **Peanuts: Felicidade é...** – Charles M. Schulz
1154. **Mate-me por favor** – Legs McNeil e Gillian McCain
1155. **Assassinato no Expresso Oriente** – Agatha Christie
1156. **Um punhado de centeio** – Agatha Christie
1157. **A interpretação dos sonhos (Mangá)** – Freud
1158. **Peanuts: Você não entende o sentido da vida** – Charles M. Schulz
1159. **A dinastia Rothschild** – Herbert R. Lottman
1160. **A Mansão Hollow** – Agatha Christie
1161. **Nas montanhas da loucura** – H.P. Lovecraft
1162.(28). **Napoleão Bonaparte** – Pascale Fautrier
1163. **Um corpo na biblioteca** – Agatha Christie
1164. **Inovação** – Mark Dodgson e David Gann
1165. **O que toda mulher deve saber sobre os homens: a afetividade masculina** – Walter Riso
1166. **O amor está no ar** – Mauricio de Sousa
1167. **Testemunha de acusação & outras histórias** – Agatha Christie
1168. **Etiqueta de bolso** – Celia Ribeiro
1169. **Poesia reunida (volume 3)** – Affonso Romano de Sant'Anna
1170. **Emma** – Jane Austen
1171. **Que seja um segredo** – Ana Miranda
1172. **Garfield sem apetite** – Jim Davis
1173. **Garfield: Foi mal...** – Jim Davis
1174. **Os irmãos Karamázov (Mangá)** – Dostoiévski
1175. **O Pequeno Príncipe** – Antoine de Saint-Exupéry
1176. **Peanuts: Ninguém mais tem o espírito aventureiro** – Charles M. Schulz
1177. **Assim falou Zaratustra** – Nietzsche
1178. **Morte no Nilo** – Agatha Christie
1179. **Ê, soneca boa** – Mauricio de Sousa
1180. **Garfield a todo o vapor** – Jim Davis
1181. **Em busca do tempo perdido (Mangá)** – Proust
1182. **Cai o pano: o último caso de Poirot** – Agatha Christie
1183. **Livro para colorir e relaxar** – Livro 1
1184. **Para colorir sem parar**
1185. **Os elefantes não esquecem** – Agatha Christie
1186. **Teoria da relatividade** – Albert Einstein
1187. **Compêndio da psicanálise** – Freud
1188. **Visões de Gerard** – Jack Kerouac
1189. **Fim de verão** – Mohiro Kitoh
1190. **Procurando diversão** – Mauricio de Sousa
1191. **E não sobrou nenhum e outras peças** – Agatha Christie
1192. **Ansiedade** – Daniel Freeman & Jason Freeman

1193. **Garfield: pausa para o almoço** – Jim Davis
1194. **Contos do dia e da noite** – Guy de Maupassant
1195. **O melhor de Hagar 7** – Dik Browne
1196.(29). **Lou Andreas-Salomé** – Dorian Astor
1197.(30). **Pasolini** – René de Ceccatty
1198. **O caso do Hotel Bertram** – Agatha Christie
1199. **Crônicas de motel** – Sam Shepard
1200. **Pequena filosofia da paz interior** – Catherine Rambert
1201. **Os sertões** – Euclides da Cunha
1202. **Treze à mesa** – Agatha Christie
1203. **Bíblia** – John Riches
1204. **Anjos** – David Albert Jones
1205. **As tirinhas do Guri de Uruguaiana 1** – Jair Kobe
1206. **Entre aspas (vol.1)** – Fernando Eichenberg
1207. **Escrita** – Andrew Robinson
1208. **O spleen de Paris: pequenos poemas em prosa** – Charles Baudelaire
1209. **Satíricon** – Petrônio
1210. **O avarento** – Molière
1211. **Queimando na água, afogando-se na chama** – Bukowski
1212. **Miscelânea septuagenária: contos e poemas** – Bukowski
1213. **Que filosofar é aprender a morrer e outros ensaios** – Montaigne
1214. **Da amizade e outros ensaios** – Montaigne
1215. **O medo à espreita e outras histórias** – H.P. Lovecraft
1216. **A obra de arte na era de sua reprodutibilidade técnica** – Walter Benjamin
1217. **Sobre a liberdade** – John Stuart Mill
1218. **O segredo de Chimneys** – Agatha Christie
1219. **Morte na rua Hickory** – Agatha Christie
1220. **Ulisses (Mangá)** – James Joyce
1221. **Ateísmo** – Julian Baggini
1222. **Os melhores contos de Katherine Mansfield** – Katherine Mansfield
1223.(31). **Martin Luther King** – Alain Foix
1224. **Millôr Definitivo: uma antologia de A Bíblia do Caos** – Millôr Fernandes
1225. **O Clube das Terças-Feiras e outras histórias** – Agatha Christie
1226. **Por que sou tão sábio** – Nietzsche
1227. **Sobre a mentira** – Platão
1228. **Sobre a leitura** *seguido do* **Depoimento de Céleste Albaret** – Proust
1229. **O homem do terno marrom** – Agatha Christie
1230.(32). **Jimi Hendrix** – Franck Médioni
1231. **Amor e amizade e outras histórias** – Jane Austen
1232. **Lady Susan, Os Watson e Sanditon** – Jane Austen
1233. **Uma breve história da ciência** – William Bynum
1234. **Macunaíma: o herói sem nenhum caráter** – Mário de Andrade
1235. **A máquina do tempo** – H.G. Wells
1236. **O homem invisível** – H.G. Wells
1237. **Os 36 estratagemas: manual secreto da arte da guerra** – Anônimo
1238. **A mina de ouro e outras histórias** – Agatha Christie
1239. **Pic** – Jack Kerouac
1240. **O habitante da escuridão e outros contos** – H.P. Lovecraft
1241. **O chamado de Cthulhu e outros contos** – H.P. Lovecraft
1242. **O melhor de Meu reino por um cavalo!** – Edição de Ivan Pinheiro Machado
1243. **A guerra dos mundos** – H.G. Wells
1244. **O caso da criada perfeita e outras histórias** – Agatha Christie
1245. **Morte por afogamento e outras histórias** – Agatha Christie
1246. **Assassinato no Comitê Central** – Manuel Vázquez Montalbán
1247. **O papai é pop** – Marcos Piangers
1248. **O papai é pop 2** – Marcos Piangers
1249. **A mamãe é rock** – Ana Cardoso
1250. **Paris boêmia** – Dan Franck
1251. **Paris libertária** – Dan Franck
1252. **Paris ocupada** – Dan Franck
1253. **Uma anedota infame** – Dostoiévski
1254. **O último dia de um condenado** – Victor Hugo
1255. **Nem só de caviar vive o homem** – J.M. Simmel
1256. **Amanhã é outro dia** – J.M. Simmel
1257. **Mulherzinhas** – Louisa May Alcott
1258. **Reforma Protestante** – Peter Marshall
1259. **História econômica global** – Robert C. Allen
1260.(33). **Che Guevara** – Alain Foix
1261. **Câncer** – Nicholas James
1262. **Akhenaton** – Agatha Christie
1263. **Aforismos para a sabedoria de vida** – Arthur Schopenhauer
1264. **Uma história do mundo** – David Coimbra
1265. **Ame e não sofra** – Walter Riso
1266. **Desapegue-se!** – Walter Riso
1267. **Os Sousa: Uma família do barulho** – Mauricio de Sousa
1268. **Nico Demo: O rei da travessura** – Mauricio de Sousa
1269. **Testemunha de acusação e outras peças** – Agatha Christie
1270.(34). **Dostoiévski** – Virgil Tanase
1271. **O melhor de Hagar 8** – Dik Browne
1272. **O melhor de Hagar 9** – Dik Browne
1273. **O melhor de Hagar 10** – Dik e Chris Browne
1274. **Considerações sobre o governo representativo** – John Stuart Mill
1275. **O homem Moisés e a religião monoteísta** – Freud
1276. **Inibição, sintoma e medo** – Freud
1277. **Além do princípio de prazer** – Freud
1278. **O direito de dizer não!** – Walter Riso

1279. **A arte de ser flexível** – Walter Riso
1280. **Casados e descasados** – August Strindberg
1281. **Da Terra à Lua** – Júlio Verne
1282. **Minhas galerias e meus pintores** – Kahnweiler
1283. **A arte do romance** – Virginia Woolf
1284. **Teatro completo v. 1: As aves da noite** *seguido de* **O visitante** – Hilda Hilst
1285. **Teatro completo v. 2: O verdugo** *seguido de* **A morte do patriarca** – Hilda Hilst
1286. **Teatro completo v. 3: O rato no muro** *seguido de* **Auto da barca de Camiri** – Hilda Hilst
1287. **Teatro completo v. 4: A empresa** *seguido de* **O novo sistema** – Hilda Hilst
1289. **Fora de mim** – Martha Medeiros
1290. **Divã** – Martha Medeiros
1291. **Sobre a genealogia da moral: um escrito polêmico** – Nietzsche
1292. **A consciência de Zeno** – Italo Svevo
1293. **Células-tronco** – Jonathan Slack
1294. **O fim do ciúme e outros contos** – Proust
1295. **A jangada** – Júlio Verne
1296. **A ilha do dr. Moreau** – H.G. Wells
1297. **Ninho de fidalgos** – Ivan Turguêniev
1298. **Jane Eyre** – Charlotte Brontë
1299. **Sobre gatos** – Bukowski
1300. **Sobre o amor** – Bukowski
1301. **Escrever para não enlouquecer** – Bukowski
1302. **222 receitas** – J. A. Pinheiro Machado
1303. **Reinações de Narizinho** – Monteiro Lobato
1304. **O Saci** – Monteiro Lobato
1305. **Memórias da Emília** – Monteiro Lobato
1306. **O Picapau Amarelo** – Monteiro Lobato
1307. **A reforma da Natureza** – Monteiro Lobato
1308. **Fábulas** *seguido de* **Histórias diversas** – Monteiro Lobato
1309. **Aventuras de Hans Staden** – Monteiro Lobato
1310. **Peter Pan** – Monteiro Lobato
1311. **Dom Quixote das crianças** – Monteiro Lobato
1312. **O Minotauro** – Monteiro Lobato
1313. **Um quarto só seu** – Virginia Woolf
1314. **Sonetos** – Shakespeare
1315. (35). **Thoreau** – Marie Berthoumieu e Laura El Makki
1316. **Teoria da arte** – Cynthia Freeland
1317. **A arte da prudência** – Baltasar Gracián
1318. **O louco** *seguido de* **Areia e espuma** – Khalil Gibran
1319. **O profeta** *seguido de* **O jardim do profeta** – Khalil Gibran
1320. **Jesus, o Filho do Homem** – Khalil Gibran
1321. **A luta** – Norman Mailer
1322. **Sobre o sofrimento do mundo e outros ensaios** – Schopenhauer
1323. **Epidemiologia** – Rodolfo Sacacci
1324. **Japão moderno** – Christopher Goto-Jones
1325. **A arte da meditação** – Matthieu Ricard
1326. **O adversário secreto** – Agatha Christie
1327. **Pollyanna** – Eleanor H. Porter
1328. **Espelhos** – Eduardo Galeano
1329. **A Vênus das peles** – Sacher-Masoch
1330. **O 18 de brumário de Luís Bonaparte** – Karl Marx
1331. **Um jogo para os vivos** – Patricia Highsmith
1332. **A tristeza pode esperar** – J.J. Camargo
1333. **Vinte poemas de amor e uma canção desesperada** – Pablo Neruda
1334. **Judaísmo** – Norman Solomon
1335. **Esquizofrenia** – Christopher Frith & Eve Johnstone
1336. **Seis personagens em busca de um autor** – Luigi Pirandello
1337. **A Fazenda dos Animais** – George Orwell
1338. **1984** – George Orwell
1339. **Ubu Rei** – Alfred Jarry
1340. **Sobre bêbados e bebidas** – Bukowski
1341. **Tempestade para os vivos e para os mortos** – Bukowski
1342. **Complicado** – Natsume Ono
1343. **Sobre o livre-arbítrio** – Schopenhauer
1344. **Uma breve história da literatura** – John Sutherland
1345. **Você fica tão sozinho às vezes que até faz sentido** – Bukowski
1346. **Um apartamento em Paris** – Guillaume Musso
1347. **Receitas fáceis e saborosas** – José Antonio Pinheiro Machado
1348. **Por que engordamos** – Gary Taubes
1349. **A fabulosa história do hospital** – Jean-Noël Fabiani
1350. **Voo noturno** *seguido de* **Terra dos homens** – Antoine de Saint-Exupéry
1351. **Doutor Sax** – Jack Kerouac
1352. **O livro do Tao e da virtude** – Lao-Tsé
1353. **Pista negra** – Antonio Manzini
1354. **A chave de vidro** – Dashiell Hammett
1355. **Martin Eden** – Jack London
1356. **Já te disse adeus, e agora, como te esqueço?** – Walter Riso
1357. **A viagem do descobrimento** – Eduardo Bueno
1358. **Náufragos, traficantes e degredados** – Eduardo Bueno
1359. **Retrato do Brasil** – Paulo Prado
1360. **Maravilhosamente imperfeito, escandalosamente feliz** – Walter Riso
1361. **É...** – Millôr Fernandes
1362. **Duas tábuas e uma paixão** – Millôr Fernandes
1363. **Selma e Sinatra** – Martha Medeiros
1364. **Tudo que eu queria te dizer** – Martha Medeiros
1365. **Várias histórias** – Machado de Assis
1366. **A sabedoria do Padre Brown** – G. K. Chesterton
1367. **Capitães do Brasil** – Eduardo Bueno
1368. **O falcão maltês** – Dashiell Hammett
1369. **A arte de estar com a razão** – Arthur Schopenhauer
1370. **A visão dos vencidos** – Miguel León-Portilla

lepmeditores
www.lpm.com.br
o site que conta tudo

IMPRESSÃO:

PALLOTTI
GRÁFICA

Santa Maria - RS | Fone: (55) 3220.4500
www.graficapallotti.com.br